OBSÈQUES

DE

M. F.-T. BERNET-ROLLANDE

CONSEILLER HONORAIRE

A LA COUR D'APPEL DE RIOM.

22 JANVIER 1885

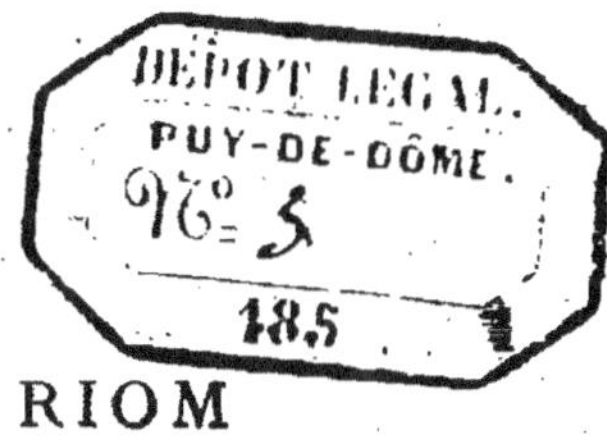

RIOM

Imprimerie Ulysse JOUVET,

8, rue de l'Hôtel-de-Ville, 8.

OBSÈQUES

DE

M. F.-T. BERNET-ROLLANDE

CONSEILLER HONORAIRE

A LA COUR D'APPEL DE RIOM.

22 JANVIER 1885

RIOM

Imprimerie Ulysse JOUVET,

8, rue de l'Hôtel-de-Ville, 8.

OBSÈQUES

DE

M. F.-T. BERNET-ROLLANDE

Le 22 janvier 1885, une foule nombreuse et recueillie dans laquelle était représentée toute la population de la ville de Riom, accompagnait à sa dernière demeure Monsieur François-Thomas BERNET-ROLLANDE, Conseiller honoraire à la Cour d'appel de Riom, Président du Conseil de fabrique de l'église de Saint-Amable, Directeur de la Caisse d'épargne, ancien Conseiller municipal, ancien membre de la Commission administrative de l'Hospice, — enlevé à l'affection des siens, le 20 janvier, à l'âge de 71 ans.

Les cordons du poële étaient tenus par MM. Ancelot, ancien Président de Chambre à la Cour d'appel; Boudet de Bardon, ancien Maire de Riom; Bertrand, Conseiller honoraire à la Cour d'appel, et Caron, Doyen des Avocats-généraux près la Cour.

Le deuil était conduit par les deux fils du défunt.

Derrière la famille, marchait la Cour d'appel en robes rouges, dont une délégation a accompagné le convoi jusqu'au cimetière.

Sur le bord de la tombe de Monsieur Bernet-Rollande ont été prononcés les discours suivants :

DISCOURS DE M. ALLARY,

Premier Président de la Cour d'appel.

Messieurs,

L'homme de bien que nos regrets accompagnent au pied de cette tombe ne livre à la terre que sa dépouille mortelle. A ses deux fils qu'il a tant aimés, à tous les siens, au cœur de ses amis, à ses concitoyens, il laisse ce qui ne périt pas : le souvenir attendri, le fortifiant exemple des vertus qui ont été l'honneur de son existence; celles, en effet, qui sont la joie, la sainte religion de la famille, celles qui pour ce cher mort, sont devenues ses plus beaux titres aux unanimes regrets de la cité où s'écoulèrent ses jours heureux, où, lui aussi, a connu les tristesses, les déchirements des cruelles séparations, toutes les vertus enfin dont un magistrat doit faire le culte de sa vie entière, François-Thomas Bernet-Rollande les a constamment pratiquées.

Au foyer domestique, dans les rangs du barreau, du haut de son siège de magistrat, suivant les traces d'un père dont la mémoire respectée est, comme la sienne le sera, toujours vivante, dans les conseils de notre ville, de nos établissements charitables, celui qui nous quitte a prodigué ce qu'il avait au cœur de vraie noblesse, d'ineffable bonté, tout ce qu'une intelligence, aussi ferme que droite, peut mettre au service des aspirations d'une conscience esclave du devoir.

Il lui était bien dû d'être aimé, honoré, car à ces nobles qualités s'alliaient une rare modestie, une aménité de formes, une simplicité d'habitudes et une sérénité d'âme qui en étaient l'inestimable parure. Aussi, Messieurs, voudrais-je que l'hommage ému offert par moi à cette tombe pût traduire, comme il le faudrait, les sentiments dont le poids nous oppresse.

Né dans nos murs le 25 février 1813, Bernet-Rollande fit au lycée de Clermont de solides études. Avocat à Riom de 1836 à 1851, il marqua son passage à la barre par un dévouement absolu aux devoirs, aux plus sévères exigences de sa profession ; toujours il a su leur obéir, avec cette scrupuleuse rigueur de consscience envers lui-même qui fut la règle de tous les actes de sa vie. Savant jurisconsulte, devenu bientôt des plus expérimentés en affaires, il se trouvait, lorsqu'il dépouilla la robe d'avocat, admirablement préparé à rendre des services d'un autre ordre à l'œuvre de la justice.

Sur les sièges de la magistrature, à laquelle il fut alors appelé, et qu'il occupa dans divers tribunaux du ressort, il fut un modèle accompli. Son infatigable ardeur au travail, la rectitude de son esprit qui allait droit à la vérité, le profond sentiment qu'il avait de tous ses devoirs, l'inaltérable bienveillance de son caractère, ont laissé partout où l'appelèrent ses fonctions, des gages de son ardent amour du juste et du bien, le souvenir de cette dignité calme et douce, au sein de laquelle son honnête vie, dont rien n'a jamais troublé la pureté, s'est écoulée comme dans un recueillement religieux.

Ce qu'a été le conseiller Bernet-Rollande durant une collaboration de 24 ans aux travaux de la Cour d'Appel, dont il devint le cher et vénéré doyen, à laquelle, hier encore, le rattachaient confraternellement les liens de l'honorariat trop tôt brisés, ses collègues en conservent la pieuse mémoire ; tous lui rendaient en affection, en confiance, ce qu'il leur donnait des riches trésors de son cœur. L'opinion publique vénérait en lui le magistrat intègre, le savant organe de la loi. Il avait, en effet, dans les délibérations du conseil, la légitime autorité du savoir et de l'expérience ; ne s'inspirant que de ce que commande la loi, son application à en assurer le respect lui dictait la fermeté, la sagesse de ses avis. Sa haute raison le guidait sûrement dans la recherche souvent laborieuse de la vérité juridique et dans la pratique de l'équité. Le palais où est resté l'enseignement de son exemple entendra bientôt le solennel et public hommage qui ne manquera pas de lui être rendu.

Le dernier adieu que je lui adresse ici, devant une famille désolée, je le dépose surtout au nom de souvenirs qui me sont particulièrement chers. Les liens qui, dans un passé déjà lointain ont uni ma famille à celle qui pleure son chef si brusquement ravi à ses affections, la part qu'il avait bien voulu me faire depuis longtemps dans son amitié, celle que ses dignes fils me continuent, enfin tout ce qu'un deuil poignant peut receler de tristesse sont aujourd'hui les titres qui me placent en face de ce cercueil.

Messieurs, l'honnête homme que la mort y a couché fut de ceux dont la pensée n'est pas bornée à notre étroit horizon terrestre. Dans les élans de sa foi sincère, il entrevoyait un monde meilleur promis au repos et à la gloire du juste. Il a passé ici-bas faisant le bien, il est entré maintenant dans la pure lumière, il est aux sources de toute justice, de toutes vérités, au sein des joies immortelles.

Que le suprême adieu parti de nos cœurs, où vivra le religieux souvenir de ses vertus, s'élève jusqu'à lui. Et, puissent les sympathies qui entourent sa famille en pleurs alléger sa cruelle peine !

DISCOURS DE M. BOUDET DE BARDON

Ancien Maire de la ville de Riom.

Messieurs,

Lorsque cette tombe va se fermer sur les restes mortels d'un homme de bien, qu'il soit permis à son vieil ami de lui adresser encore quelques paroles d'adieux et de regrets.

M. Bernet - Rollande s'instruisit dès sa jeunesse à l'école de l'exemple, au foyer domestique ; son père, l'un des avocats les plus occupés du barreau de son temps, remplit plus tard, magistrat distingué, les fonctions de Président du tribunal civil de Riom ; son oncle, le Cardinal-archevêque d'Aix, lui légua l'héritage d'une haute renommée de savoir et de vertus. Il ne faillit jamais aux traditions de sa famille. Préparé par de fortes études à la science de droit, plein de doctrine, conduit par la droiture de son jugement, il parcourut les étapes hiérarchiques de la magistrature, donnant les preuves de son érudition, de son aptitude dans l'instruction des affaires, et s'élevant par son mérite personnel à l'un des sièges de la Cour d'appel.

Une voix autorisée vient de rappeler ses travaux, ses qualités éminentes, ses loyaux services pendant le long exercice de ses fonctions judiciaires ; mais sa carrière ne fut pas uniquement juridique.

L'affabilité de son caractère, sa pratique des affaires, la notoriété qui l'entourait, avaient désigné M. Bernet aux suffrages de ses concitoyens : il fut appelé dans les conseils de la cité. Rien ne lui était indifférent de ce qui pouvait toucher à la prospérité de sa ville natale. Son esprit consciencieux s'appliquait au contrôle de la comptabilité municipale, et sa sollicitude éclairée veillait à la distribution équitable et régulière de nos impôts de répartition. Dans les commissions, comme aux assemblées du conseil, où l'on s'occupait non de politique mais d'administration, il concourut par ses votes à toutes les mesures d'utilité générale : il approuva le projet de réunion de nos écoles primaires, du développement et de l'appropriation de cette construction nouvelle, et il assista à l'installation des classes dans un local aéré et agrandi, où se pressaient 500 enfants de notre population ouvrière, sous l'habile et vertueuse direction du frère Hégésippe. — Il vota les travaux d'agrandissement du Collége et le renouvellement du bail des pères Maristes, qui assure à la ville la conservation pendant 20 ans de ce bel établissement d'instruction, sans rival dans nos régions du centre. Il avait approuvé la construction d'une caserne pour assurer le maintien d'une garnison dans nos murs; il donna un vote favorable à la résolution qui a transformé notre Manufacture des tabacs, jusqu'alors *provisoire*, en un vaste établissement *définitif*, construit et entretenu aux frais de l'Etat.

M. Bernet-Rollande appartint, pendant longtemps, à la commission administrative des Hospices, où il apportait son contingent dans la tâche laborieuse, si vaillamment poursuivie par le plus ancien de ses membres, accablé aujourd'hui de la douleur d'une cruelle séparation, plus encore que du poids des années. La concentration des services à l'hôpital-général, pour cause d'économie, y avait rassemblé les infirmes et vieillards des deux sexes, les malades civils et militaires, enfin les enfants orphelins. Grâce aux libéralités des habitants, les ressources épuisées se renouvelèrent, les locaux s'étendirent, de nouvelles salles s'élevèrent. A une date plus récente, lors des désastres de 1870, lorsqu'un fléau épidémique, la variole noire, vint décimer les troupes casernées à Riom, il fallut créer à l'hôpital un service d'isolement. Nous visitions les salles des malades : un jour, dont je garde le souvenir, nous assistions à la revue des convalescents. Peu après, l'un d'entre nous fut atteint du mal contagieux : c'était M. Bernet; mais Dieu le protégeait : il échappa aux étreintes du fléau.

Nous le retrouvons comme président du conseil de fabrique de sa paroisse : ainsi que ses collègues, il s'estimait heureux d'avoir pu seconder les généreux efforts du pasteur vénéré auquel nous devons la restauration intérieure de la basilique de St-Amable.

Nous l'avons vu à l'œuvre, dans les sièges de justice, au conseil communal, dans nos hospices, à l'église ; partout M. Bernet-Rollande s'est montré l'homme du devoir. Sa bienfaisance égalait son dévouement.

Une affliction du cœur l'avait amèrement froissé, lorsque son fils, magistrat plein d'avenir, cédant à des susceptibilités qui l'honorent, crut devoir renoncer à une carrière qu'il aimait, pensant qu'il ne pouvait désormais concilier ses fonctions, soit avec les traditions de sa famille, soit avec ses convictions politiques et religieuses.

Une loi inflexible, celle de la limite d'âge, avait rendu M. Bernet-Rollande aux loisirs de la vie privée : il y goûtait le bonheur du foyer : heureux grand-père, il se voyait revivre dans ses petits-enfants dont il se plaisait à surveiller les études et les jeux. Une maladie soudaine, rapide, vient de le ravir à ces douces émotions. Les larmes de ses deux fils, de ses belles-filles affligées, ont mouillé son cercueil.

Sa vie fut celle d'un homme de bien ; sa mort a été celle d'un chrétien : la religion, qu'il pratiqua avec ferveur, l'a entouré dans ses derniers jours de ses suprêmes consolations. La foi et l'espérance l'accompagnent vers les horizons de l'avenir.

Qu'il reçoive nos adieux avec l'expression de nos regrets !

DISCOURS DE M. E. EVERAT,

*Avocat, Trésorier du Conseil de fabrique
de l'église de Saint-Amable.*

Messieurs,

Des voix autorisées viennent de payer à
l'homme de bien que nous pleurons le tribut
d'éloges dont le rend digne une vie exclusive-
ment consacrée au culte de la justice, au service de sa ville natale. Qu'il me soit permis, au
nom de la Fabrique de l'église de St-Amable,
de joindre à ce concert d'émouvants regrets
l'humble et modeste hommage de sa reconnaissance.

Pendant vingt-trois années, M. Bernet-Rollande a dirigé, comme trésorier ou président,
cette administration paroissiale avec le zèle, le
dévouement, la sagacité, la méthode qu'il apportait à toutes choses. Heureux de lui prêter
le concours de ses talents et de ses lumières,
— il a tenu à lui rester attaché jusqu'au der-

nier jour, — et c'est par ce seul côté que, depuis quelque temps, il voulait se distraire du rôle touchant qu'il s'était réservé de jouer au foyer domestique. Aussi quels services n'a-t-il pas rendus à l'œuvre, déjà ancienne, de la restauration de l'église patronale de notre cité ! Pour combien n'a-t-il pas contribué à préserver des outrages du temps les restes artistiques et les chers souvenirs de notre vieux sanctuaire, et à le rétablir dans une dignité et dans un rang en rapport avec son importance et sa renommée !

A cette entreprise, M. Bernet avait consacré toute l'ardeur qu'il puisait dans son patriotisme de Riomois, — et surtout dans sa foi de chrétien.

Dans sa foi de chrétien, ai-je dit, messieurs. Ah ! certes oui, chrétien, il le fut, ce magistrat sans passion, ce citoyen sans ambition, qu'on vous dépeignait il n'y a qu'un instant avec un si rare bonheur d'expression. N'était-il pas de ceux qui, ne sachant point séparer la pensée de Dieu de l'idée de vertu et de désintéressement, estiment qu'il convient de mettre sa conduite en harmonie avec ses croyances, et d'affirmer ses convictions par une pratique non af-

fectée, mais inébranlable, des devoirs qu'elles
imposent?

Ces sentiments formaient, au reste, le patri-
moine de sa famille. Son grand-oncle était le
« père Gaschon, » ce prêtre admirable par sa
charité et sa simplicité, que les populations de
nos montagnes d'Ambert, dans un pieux et
traditionnel enthousiasme, vénèrent à l'égal
d'un saint. Le frère de son père, lui aussi,
s'était consacré à Dieu : bientôt, il s'illustrait
à tel point par ses vertus chrétiennes, que les
suffrages de la reconnaissance publique le
désignaient aux choix des chefs de l'Eglise et
de l'Etat pour le porter à la tête des plus beaux
diocèses de France et le revêtir des honneurs
de la pourpre romaine.

Ces imposants exemples, M. Bernet se serait
gardé de les oublier, — et l'on peut dire que
sa vie en a été la continuelle et rigoureuse application. Ah! qu'il l'a bien montré, lorsque,
terrassé par un mal aussi prompt qu'inexora-
ble, il s'est trouvé en face du péril suprême!
Pour l'affronter avec plus de courage, son âme,
d'ailleurs naturellement grande, appela elle-
même à son secours cette foi héréditaire dans
sa maison dont je vous parlais. Et la nuit qui

fut pour lui la dernière, il comptait les heures qui le séparaient encore de la réception des sacrements. Nous l'avons vu ramasser les débris de ses forces pour répondre à haute voix aux prières du prêtre. — « La mort, dit Bossuet, révèle les secrets des cœurs (1).» Comme elle a révélé les siens ! Et avec quelle force cette révélation a confirmé le langage qu'avaient parlé tous les actes de sa vie ! « La mémoire, le raisonnement, la parole fermes, et aussi vivant par l'esprit qu'il était mourant par le corps,» il envisagea les angoisses suprêmes d'un œil serein, — ne se laissant arracher par des douleurs intolérables que des cris de résignation, ne songeant qu'à tromper par sa constance la vigilance inquiète des êtres dévoués qui l'entouraient, et qu'à leur épargner le déchirement de la cruelle séparation ; si bien que son agonie fut semblable à un sommeil, et qu'il reçut le coup fatal sans qu'on le pût soupçonner. Doux envers tout le monde et pendant sa vie entière, il le fut même envers la mort.

Messieurs, — le sage, le juste seul peut se promettre de pareils triomphes. Puisse cette

(1) Oraison funèbre de *Michel Le Tellier*.

pensée raffermir le courage, relever le cœur brisé de ses deux fils si tendres, si aimants, si dignes de lui, à qui il lègue de beaux exemples à imiter et une mémoire dont ils ont droit d'être fiers. Devant cette froide dépouille, les consolations humaines restent impuissantes et sans force : il n'en saurait être de même de nos immortelles et divines espérances !

Riom. — Imprimerie U. JOUVET.

60

www.ingramcontent.com/pod-product-compliance
Lightning Source LLC
LaVergne TN
LVHW012318050726
842524LV00004B/1480

9782013689700